Contents

Symbols

listen to your teacher	number
CD 8 listen to the CD · track 8	point
circle	sing
colour in	speak
draw	tick
glue	work with a partner
join	

Explanations

Diese Erläuterungen dienen der Lehrkraft zur schnellen Orientierung darüber, was bei allen Aufgaben getan werden soll.
Auch Eltern, die mit ihren Kindern zu Hause Englisch üben möchten, können sich hier über den Inhalt der Aufgaben informieren.
In den Handreichungen zum Unterricht auf Seite 13/14 werden die Aufgaben ausführlich mit Vorschlägen zur Differenzierung beschrieben.

Seite	Aufgabe	Arbeitsanweisungen
8		Zeichne ein Smiley neben die Lieder, die du auf Englisch kennst.
9	1–2	Verbinde die Abbildungen in der Reihenfolge, in der du sie hörst.
10	1	Nummeriere die Tiere in der Reihenfolge, in der sie im Lied vorkommen.
	2	Verbinde die Tiere mit ihrem jeweiligen Aufenthaltsort.
11 / 35	1	Schneide die Bilder der englischen Begriffe auf S. 35 aus, die du bereits kennst, und klebe sie auf die Portfolioseite.
	2	In den weißen Kasten kannst du weitere Dinge zeichnen, die du auf Englisch benennen kannst.
12		Singe das Lied.
13	1	Nummeriere die Körperteile in der im CD-Text genannten Reihenfolge.
	2	Partnerarbeit: Zeige auf eine Ziffer und dein Partner nennt das passende Wort. Anschließend wird gewechselt.
	3	Male die Gesichter der Monster passend zur Beschreibung im CD-Text an.
16	1–3	Hake die Wörter ab, in der Reihenfolge in der deine Lehrerin sie vorliest.
17	1	Höre das Lied. Zeige auf die entsprechenden Stellen im Bild.
	2	Nummeriere die Teile des Raumes in der richtigen Reihenfolge.
	3	Singe das Lied mit den Passenden Bewegungen.
20		Partnerarbeit: Beschreibe eines der abgebildeten Wetterbilder, dein Partner umkreist das passende Bild. Anschließend wird gewechselt.
21	1	Deine Lehrerin beschreibt die Bilder. Zeige auf das richtige Bild.
	2	Höre die CD. Stimmen Bild und Text überein, umkreise das Symbol für *right*, stimmen sie nicht überein, umkreise das Symbol für *wrong*.
22	1–3	Hake die Wörter ab, in der Reihenfolge in der deine Lehrerin sie vorliest.
23	1	Deine Lehrerin nennt Dinge, die du schon auf Englisch kennst. Zeige auf die entsprechende Stelle im Bild.
	2	Höre den CD-Text. Nummeriere die Tiere in der Reihenfolge, in der sie im Text auftreten.

Seite	Aufgabe	Arbeitsanweisungen
23	3	Deine Lehrerin liest jeweils eine Spalte vor. Setze ein Häkchen in das Kästchen unter der entsprechenden Spalte.
	4	Partnerarbeit: Wähle eine Spalte aus und lies sie vor. Dein Partner zeigt auf die richtige Spalte. Anschließend wird gewechselt.
26	1	Deine Lehrerin liest Sätze vor. Hake das jeweils passende Bild ab.
	2	Umkreise das passende Symbol dafür, wie die Tiere sich fühlen. Besprich das Ergebnis mit deinem Partner.
	3	Zeichne eine Situation, in der du selbst glücklich oder verärgert bist.
27	1–3	Hake die Wörter oder Aussagen ab, in der Reihenfolge in der deine Lehrerin sie vorliest.
28 / 43	1	Schneide die Bilder auf S. 43 aus. Nummeriere sie und klebe sie in der richtigen Reihenfolge ein.
	2	Zeichne Mr Mole an die Orte, die deine Lehrerin diktiert.
29	1	Verbinde die in einer Strophe des Liedes *Apples and bananas* vorkommenden Nahrungsmittel miteinander.
	2	Stelle ein Sandwich deiner Wahl zusammen, indem du die Zutaten umkreist. Zeichne sie anschließend zwischen die beiden Brotscheiben.
32	1	Höre den CD-Text und entscheide per Handzeichen, ob die Sätze zu den jeweiligen Abbildungen passen.
	2	Höre den CD-Text und umkreise das passende Symbol bei den Abbildungen.
33	1–2	Nummeriere die Abbildungen in der diktierten Reihenfolge.
	3	Male die Zahlen an, die du auf Englisch kennst, und sage sie.
34	1	Male das Bild nach Anweisung von deiner Lehrerin an.
	2	Zähle die Dinge, deren englische Bezeichnung du kennst.
37		Finde Mr Mole in den Abbildungen. Schneide die Bilder aus und suche die Szenen, die nicht zu der Geschichte gehören. Bringe die Bilder in die richtige Reihenfolge. Falte das schmale Titelblatt und lege es um die Bilder herum. Hefte die Bilder an den markierten Stellen zusammen.
39 und 41		Finde Mr Mole in den Abbildungen. Schneide die Bilder aus und bringe sie in die richtige Reihenfolge. Falte das schmale Titelblatt und lege es um die Bilder herum. Hefte die Bilder an den markierten Stellen zusammen.
45		Male die Karte und die Vase an. Schneide sie aus. Schneide die Karte an den markierten Stellen ein. Klebe den Boden der Vase auf den Mittelteil der Karte. Wenn die Karte geöffnet wird, richtet sich die Vase auf.
55		Early Finishers Übung: Zeichne Mr Mole.

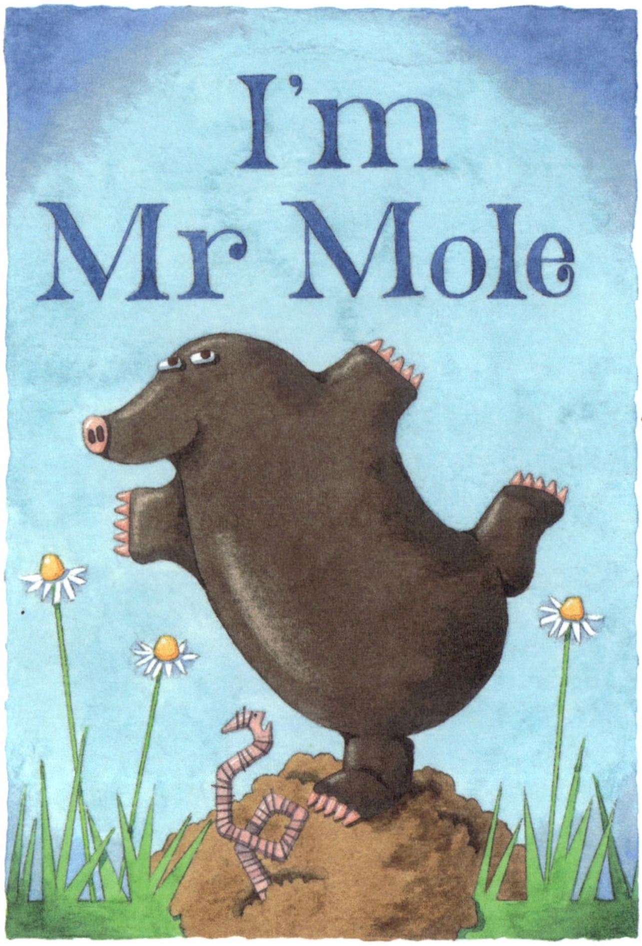
I'm
Mr Mole

1

4

5

2

3

6

7

Song Portfolio

1  **Ich kenne diese Lieder auf Englisch:** ☺ **gut**

😐 **noch nicht so gut**

1
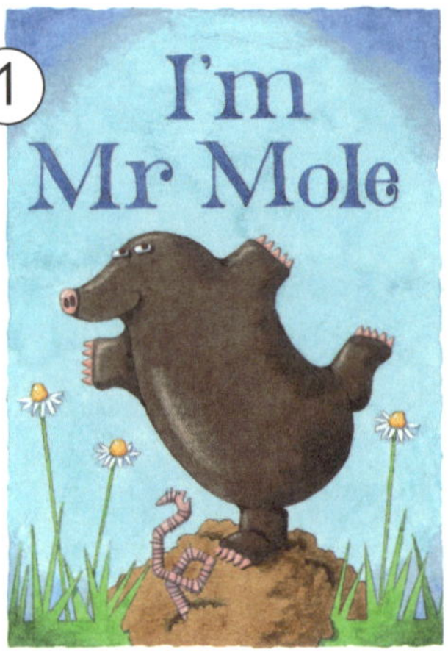

I'm Mr Mole ◯

2

Goodbye song ◯

3

Head and shoulders ◯

4

Wind the bobbin up ◯

5

If you're happy ◯

6

Apples and bananas ◯

Lieder auf Englisch singen (S. 50)

1

2

1 CD 2

2 CD 2

☐ 

☐ 

☐ 

☐ 

☐ 

☐ 

☐ 

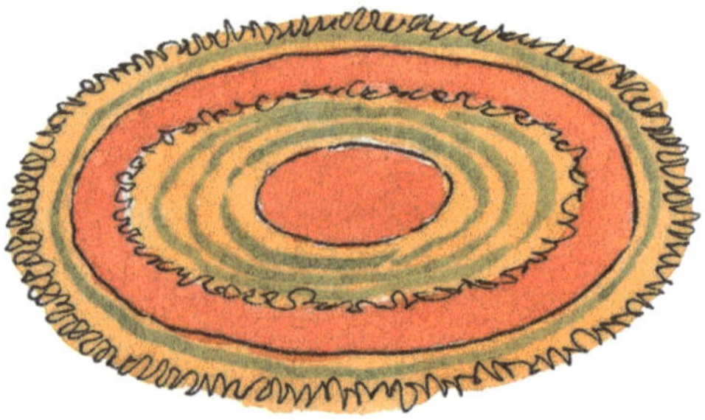

Portfolio

2

1 Nose and toes

1 

CD 6

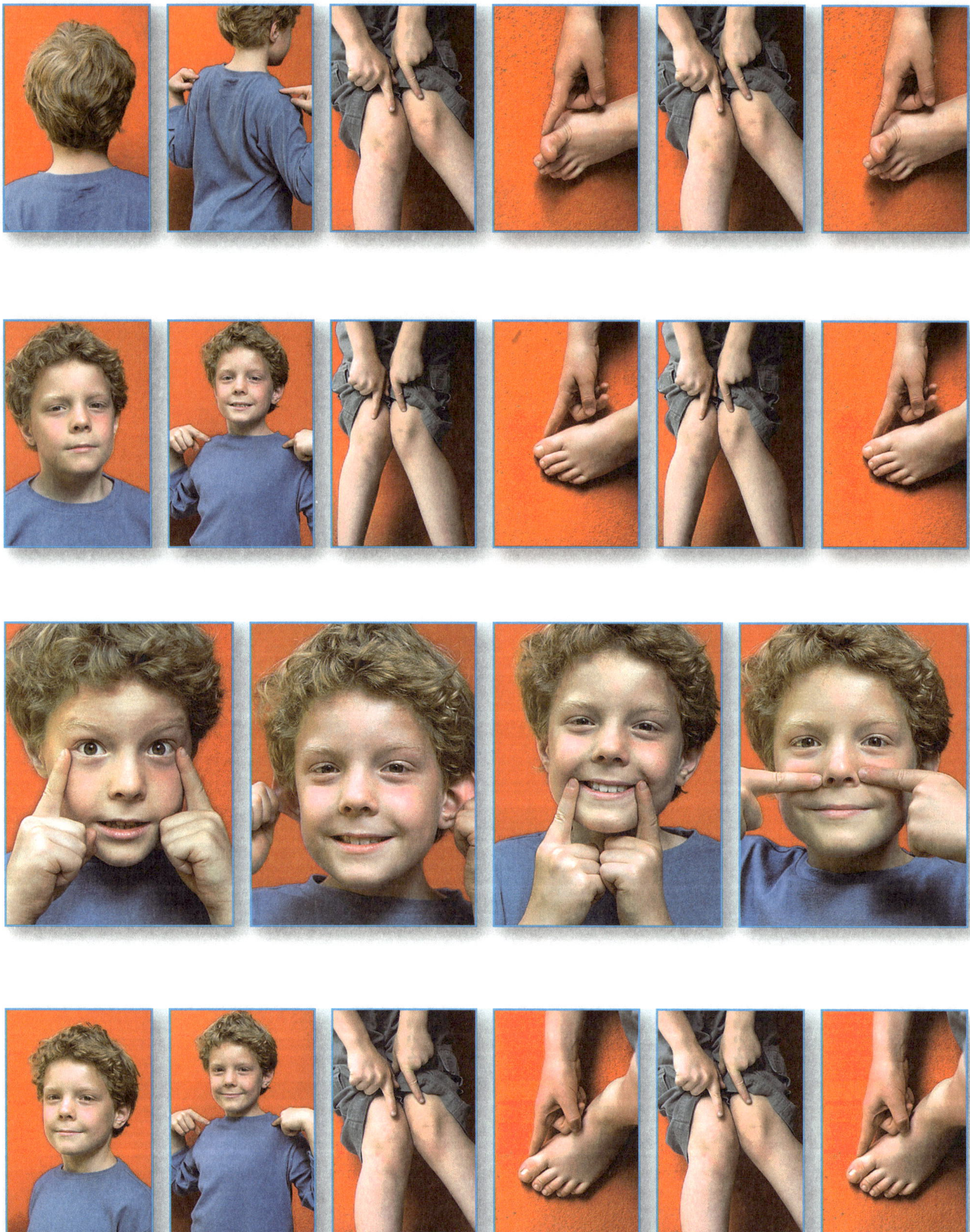

1 Nose and toes

1 CD 31

2

3 CD 32

Little Red Riding Hood
1
4
5

2

3

6

1
2
3
4
5
6
7
8

Portfolio

1 Ich kenne diese Wörter auf Englisch:

☐ ☐ ☐ ☐

2 Ich kenne diese Körperteile auf Englisch:

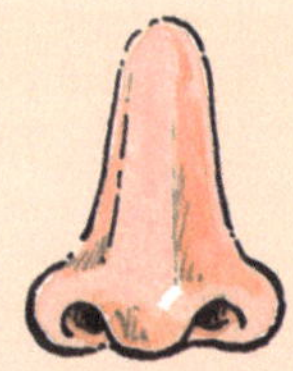

☐ ☐ ☐

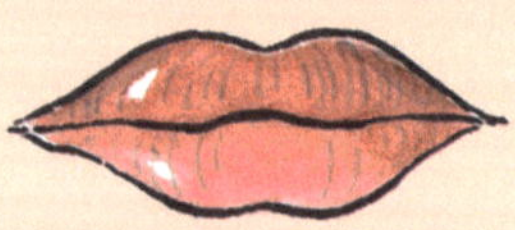

☐ ☐ ☐

3 Ich kenne diese Farben auf Englisch:

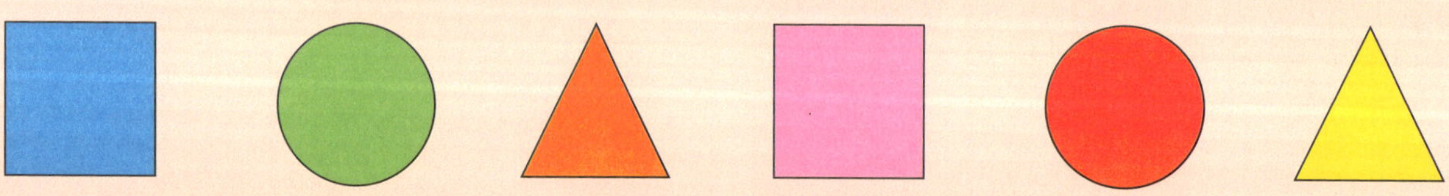

☐ ☐ ☐ ☐ ☐ ☐

Wörter auf Englisch verstehen, s. auch Vorschlag zur Differenzierung (S. 68)

Sunshine and showers

1 CD 8

2 CD 8

3 CD 8

The three little pigs
1
4
5

2

3

6

1
2
3
4
5
6
7
8

1

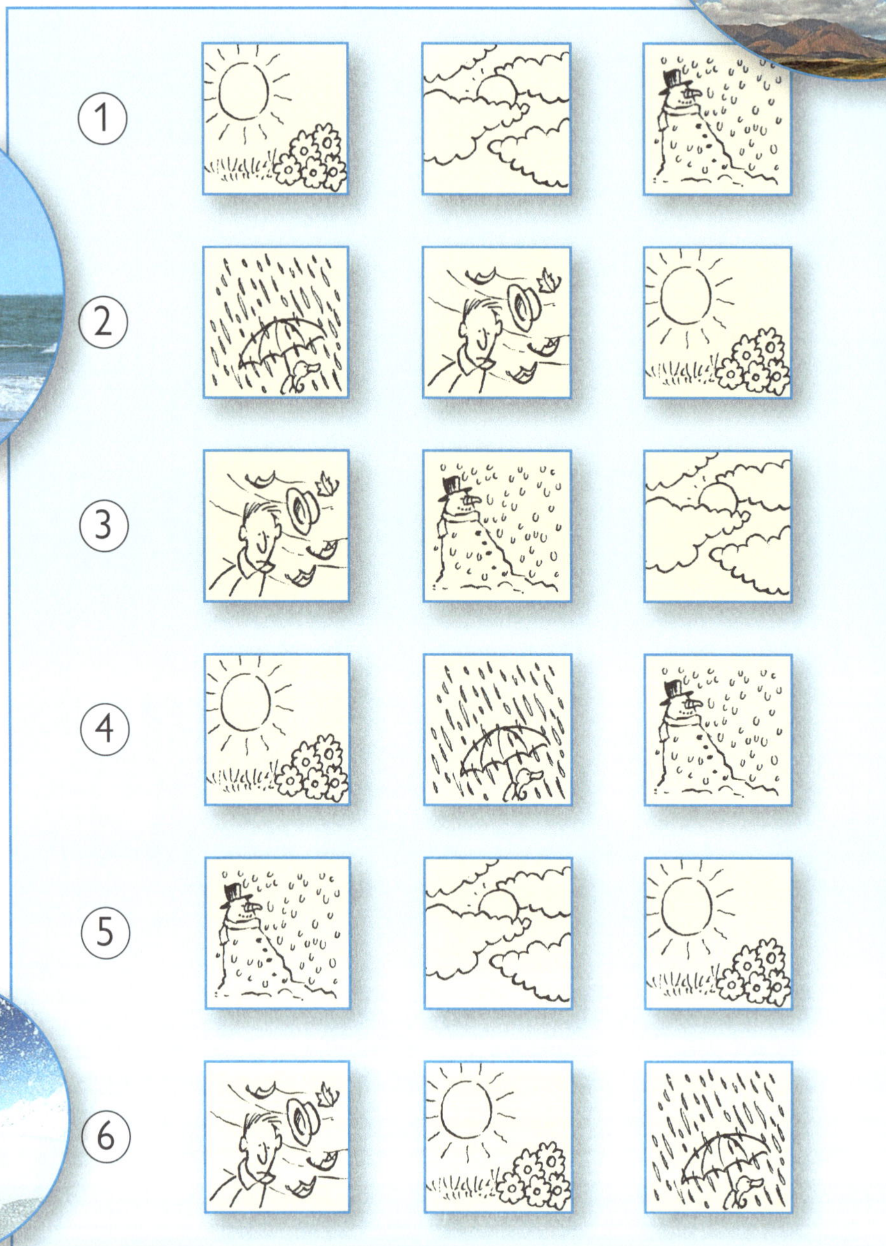

Wetterwörter auf Englisch verstehen und sagen (S. 79)

1

2 CD 40

Portfolio

1 Ich kenne diese Wörter auf Englisch:

2 Ich kenne diese Wörter auf Englisch:

3 Ich kenne diese Wetter-Wörter auf Englisch:

Unitwortschatz auf Englisch verstehen und sagen, s. auch Vorschlag zur Differenzierung (S. 86)

3 Cats and dogs

1

2

CD 48

3

4

(1) (2) (3) (4)

The hare
and the
tortoise
1
4
5

2
2

3

2
6

1
2
3
4
5
6
7
2

1

① ☐

☐

② ☐

☐

2

① ☺ ☹	② ☺ ☹	③ ☺ ☹	④ ☺ ☹

3

☺ ☹

Portfolio

1 Ich kenne diese Wörter auf Englisch:

2 Ich kenne die Wörter für diese Gefühle auf Englisch:

3 Ich kann verstehen, wo sich Mr Mole befindet.

4 Apples and bananas

1 

2 

4 Apples and bananas

1 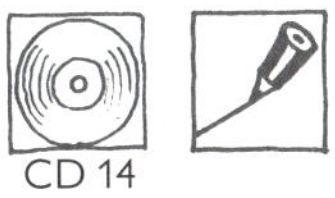

2 

The three billy goats Gruff
1
4
5

2

3

6

1
2
3
4
5
6
7

4 Apples and bananas

1 CD 59 2 CD 59

Sätze auf Englisch verstehen, Geschichten erkennen (S. 119)

Portfolio

1 **Nummeriere die Abbildungen in der richtigen Reihenfolge.**

2 **Nummeriere die Abbildungen in der richtigen Reihenfolge.**

3 **Male die Zahlen an, die du auf Englisch kennst, und benenne sie.**

5 Special days

1  2 

Über ein Bild sprechen, ein Farbdiktat verstehen (S. 128)

POPCORN
POPCORN

Little Red Riding Hood

The three little pigs

The hare and the tortoise

HAPPY
MOTHER'S
DAY

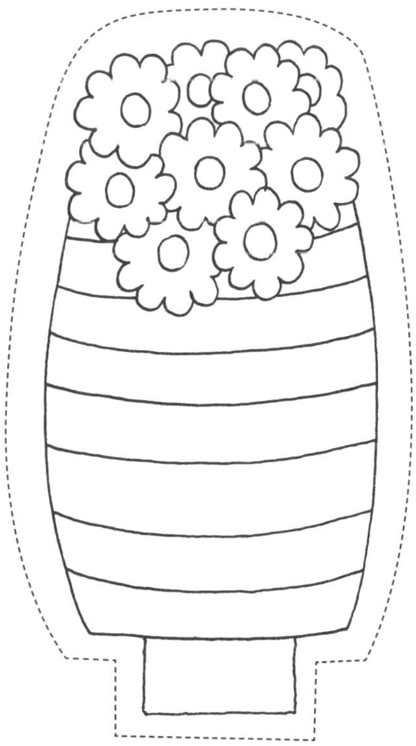

Dear Mum,

Happy Mother's Day!

Love ___________

Food

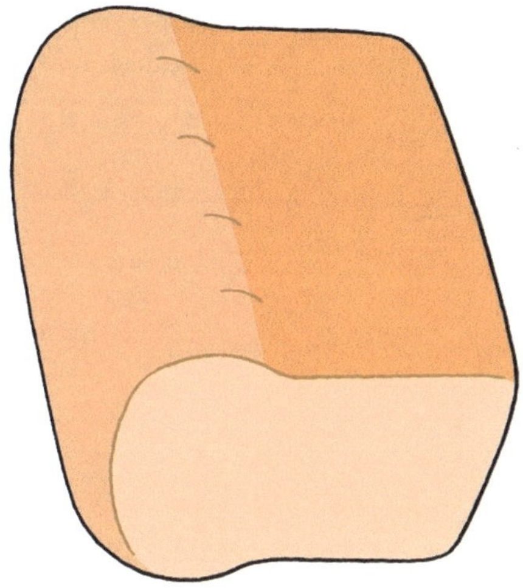
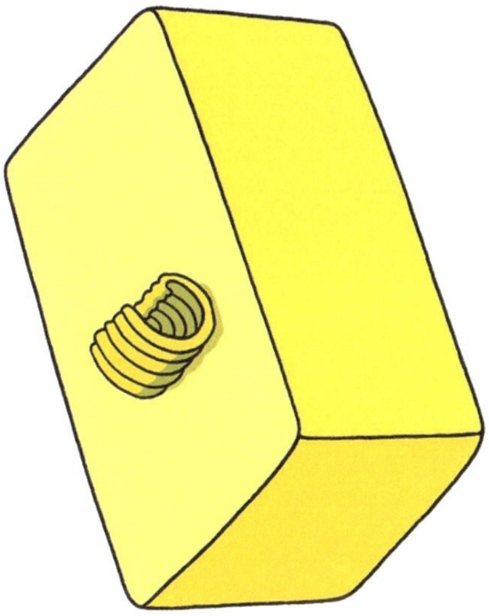
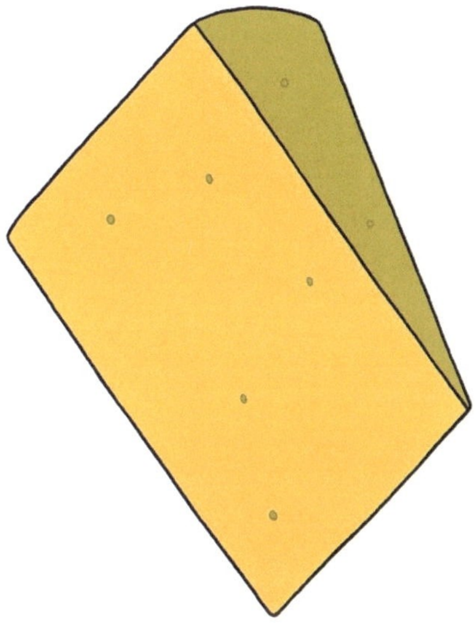
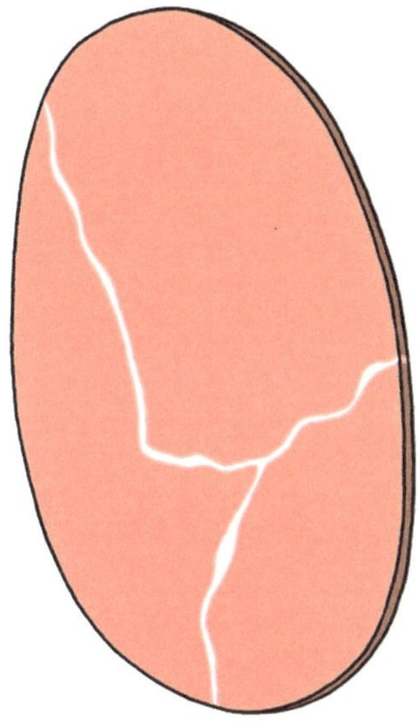
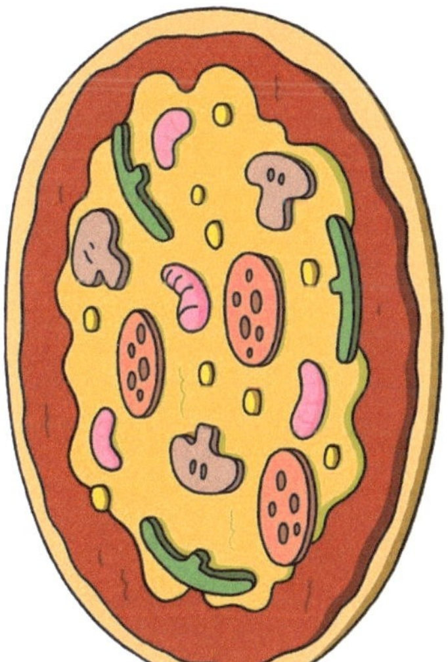
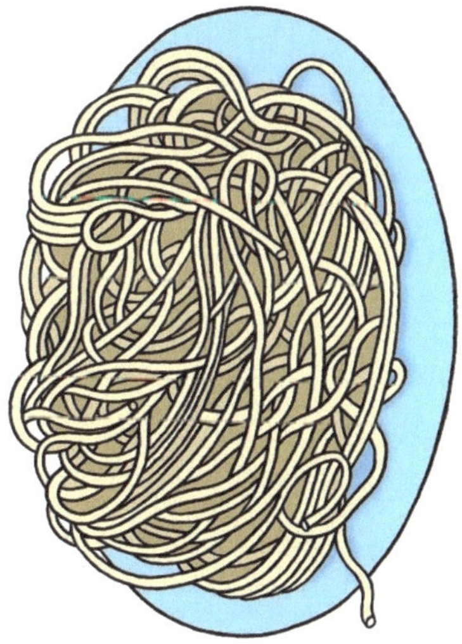
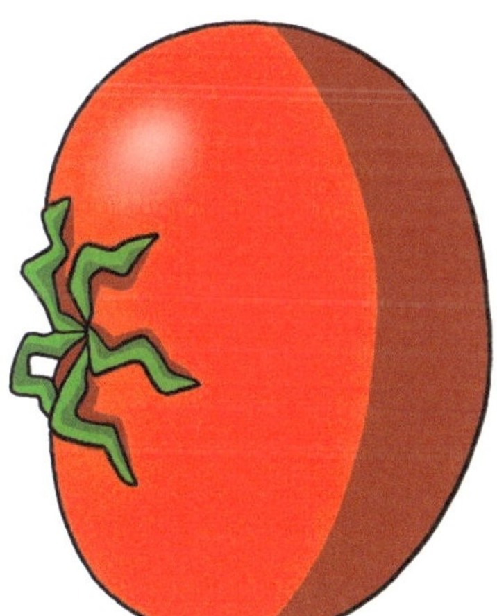

Early finishers

1

Auf dieser Seite kannst du
deine Minibildkarten in einem Umschlag
aufbewahren.